BEI GRIN MACHT SICH IHR WISSEN BEZAHLT

AF141870

- Wir veröffentlichen Ihre Hausarbeit,
  Bachelor- und Masterarbeit

- Ihr eigenes eBook und Buch -
  weltweit in allen wichtigen Shops

- Verdienen Sie an jedem Verkauf

Jetzt bei www.GRIN.com hochladen
und kostenlos publizieren

SWOT-Analyse zum TSG Hoffenheim. Merchandising, Digitalisierung und Sponsoring

Tim Schober

Bibliografische Information der Deutschen Nationalbibliothek:

Die Deutsche Nationalbibliothek verzeichnet diese Publikation in der Deutschen Nationalbibliografie; detaillierte bibliografische Daten sind im Internet über http://dnb.d-nb.de abrufbar.

ISBN: 9783346500588
Dieses Buch ist auch als E-Book erhältlich.

Druck und Bindung: Books on Demand GmbH, Norderstedt Germany
Gedruckt auf säurefreiem Papier aus verantwortungsvollen Quellen

Das vorliegende Werk wurde sorgfältig erarbeitet. Dennoch übernehmen Autoren und Verlag für die Richtigkeit von Angaben, Hinweisen, Links und Ratschlägen sowie eventuelle Druckfehler keine Haftung.

Das Buch bei GRIN: https://www.grin.com/document/1119296

Deutsche Hochschule für

Prävention und Gesundheitsmanagement

Einsendeaufgabe

Fachmodul: Sportmarketing

Studiengang: BSÖ

Datum
Präsenzphase   **06.04.21 bis 09.04.21**

Name, Vorname: Schober, Tim

Studienort: **Stuttgart**

Semester: **1. Januar bis 30. Juni 2021**

Inhaltsverzeichnis

1 SWOT-Analyse

Die SWOT Analyse ist ein Instrument zur strategischen Planung, sie stellt eine Positionierungsanalyse der eigenen Aktivitäteten gegenüber dem Wettbewerb dar. Im Folgenden wird eine SWOT-Analyse für den Fußballverein TSG Hoffenheim durchgeführt.

Der Verein wurde 1899 gegründet, er verzeichnet aktuell über 11.000 Vereinsmitglieder und mehr als 6.500 Mitglieder in Fanclubs (Stand April 2021). Der Verein ist vor allem für seine Fußballbundesligamannschaft bekannt, was auf den hohen Stellenwert von Fußball in unserer heutigen Gesellschaft zurückzuführen ist. Kaum ein Sport in Deutschland erreicht so viel Aufmerksamkeit in den Medien wie Fußball. Neben dem Ballsport ist der TSG Hoffenheim ebenso ein Turn und Leichtathletik Verein.

1.1 Die Ressourcenanalyse – Stärken und Schwächen

Eine der größten Schwächen des TSG Hoffenheim ist der Großinvestor und Milliardär Dietmar Hopp. Dem Gesellschafter gehören 96% der Stimmrechte des Vereins, damit ist der Verein stark von ihm abhängig. Die Regel 50+1 soll verhindern, dass ein Investor die Mehrheit an einem Fußballverein erlangt, um die Macht von Kapitalgebern einzuschränken. Der DFB gibt nur Lizenzen an Vereine die 50% zuzüglich mindestens eines weiteren Stimmanteils besitzen (Hinrichsen, 2015). Ausnahmen gibt es für Unternehmen und Einzelpersonen die seit mehr als 20 Jahren einen Verein ununterbrochen gefördert haben, durch diese Ausnahmeregel war es dem Investor möglich, so viel Macht über den Verein zu erhalten. Eine weitere Schwäche ist der schlechte Ruf, den der TSG bei anderen Fanclubs hat, der Verein gilt für Viele als sogenannter „Retortenclub" oder „Plastikverein". Der TSG Hoffenheim belegt zusammen mit dem Rasenballsport Leipzig und dem VFL Wolfsburg die drei letzten Plätze der 2019 durchgeführten Studie im Hinblick auf das Differenzierungsmerkmal „traditionsreich" (Woisetschläger, David M. 2019). Der Ruf des Vereins ist wieder auf die starke Finanzspritze von Dietmar Hopp zurückzuführen, da es dem Verein nur durch seine finanzielle Unterstützung möglich gewesen ist, 2008 in die erste Bundesliga aufzusteigen. Vor Start der Saison 2007/2008 tätigte der Verein Transfers über insgesamt 20 Millionen Euro, allein 8 Millionen Euro wurden an Gremio Porto Alegra als Ablöse für ihren Spieler Carlos Eduardo gezahlt und gilt als einer der teuersten

Transfers in der zweiten Bundesliga (Spox 2008). Als eine weitere Schwäche ist der geringe Bekanntheitsgrad des Vereins im Vergleich zu anderen Vereinen in der ersten Bundesliga (Woisetschläger, David M. 2019).

Die größte Stärke des Vereins ist wohl die Jugendarbeit, Der Verein hat drei moderne Zentren zur Förderung der Nachwuchstalente, in denen nicht nur der Ballsport, sondern auch die schulische Bildung und Entwicklung der Sozialkompetenz im Vordergrund steht. Die TSG Akademie wurde mit der Höchstwertung von drei Sternen durch DFB und DFL als „Eliteschule des Fußballs" ausgezeichnet (TSG Akademie auf einen Blick 10.04 2021), was ebenfalls für die hohe Professionalität und Qualität ihrer Nachwuchsförderung spricht. Eine weitere Stärke des Vereins ist die Infrastruktur, neben den bereits genannten Trainingszentren hat der TSG Hoffenheim ihr 2009 erbautes Fußballstadion in Sinsheim. Die „PreZero Arena" hat Platz für 30.150 Zuschauer und 4.600 Parkplätze. Das hochmoderne Stadion besitzt zudem eine Photovoltaik-Anlage welche zwei Drittel des Strombedarfs der Arena deckt und jährlich knapp 1,1 Millionen Kilowattstunden Ökostrom erzeugt (TSG 1899 Hoffenheim als leuchtendes Beispiel, 01.10 2014). Die Standortauswahl kommt der Infrastruktur ebenfalls zu Gute, das Stadion hat eine Autobahnanbindung in unmittelbarer Nähe und ist weit genug von konkurrierenden Bundesligastandorten entfernt und ein großes Einzugsgebiet gesichert. Als eine weitere Stärke ist die hochmoderne Trainingsmethodik des Vereins zu sehen, seit 2014 wird beim TSG Hoffenheim der „Footbonaut" eingesetzt. Beim „Footbonaut" handelt es sich um eine extrem kostspielige Hightech-Maschine, die wie ein Quadrat aufgebaut und Ballwurfmaschinen ausgestattet ist. Die Trainingsziele des „Footbonaut" ist die Verbesserung, der Handlungs- und Konzentrations-fähigkeit (DFB 2016). Neben dem Footbonaut trainiert der TSG Hoffenheim außerdem mit der technischen Innovation „Helix" welche ihnen von ihrem Hauptsponsor SAP (welche unter anderem Dietmar Hopp gehört) zur Verfügung gestellt wird. Die „Helix" ist ein 360-Grad-Kino, auf welchem es möglich ist, Spielszenen zu simulieren. Mit ihr wird das Erfassen und Beurteilen von komplexen Situationen trainiert und soll dabei helfen schnell spiel relevante Entscheidungen zu treffen (Michael Pfeifer 2020).

1.2 Die Analyse der Unternehmenswelt – Chancen und Risiken

Durch die modernen Trainingsmethoden und ihre starke Nachwuchsförderung ist es dem Verein möglich, viele Gelder durch den Transfermarkt zu gewinnen. Bereits im Geschäftsjahr 2015 verkaufte der TSG ihren Spieler Roberto Firmino für eine Ablösesumme von 41 Millionen an den FC Liverpool. Auch im Geschäftsjahr 2017/18 erwirtschaftet der Verein einen Umsatz von 163 Millionen Euro. Die langfristige Finanzierung durch Transfererfolge gehört zur Philosophie des TSG Hoffenheim (Rosen, A. 2019). Die Nachwuchsförderung und dadurch erzielte Transfergewinne bringt also die Chance auf mehr finanzielle Unabhängigkeit von ihrem Investor Dietmar Hopp mit sich und gleicht ebenso Umsatzeinbuße wie leere Stadien auf Grund von Covid-19 aus. Eine weiter Chance birgt der sportliche Erfolg des Vereins in der ersten Bundesliga, in der Saison 2017/18 qualifizierte sich der TSG für die Champions League. Spiele gegen Mannschaften wie Manchester City brachten bereits 2018 dem Verein mehr internationale Bekanntheit und eine höhere Fanbase, aber auch die Einnahmen aus der CL brachten den Club auf ein anderes Niveau (Schächter, T. 2018). Zukünftige Qualifizierungen für die Champions League sind für den TSG durchaus möglich und würde dem Verein vor allem bei einem möglichen Gegner wie Real Madrid oder FC Barcelona durch TV Rechte und höhere Bekanntheit Umsatzsteigerungen bieten. Eine weiter Chance des TSG Hoffenheim birgt ihr eSports Team, mit dem sie vor allem bei jungen Leute mehr Aufmerksamkeit auf sich ziehen und neue Vereinsmitglieder gewinnen können. In Deutschland wird eSports immer bekannter und ist bereits auf internationaler Ebene ein Milliardenmarkt, zu den beliebtesten Spielen zählt auch „FIFA" (Theobald, T. 2019). Ein Risiko für den Verein ist der Verlust ihres Investors Dietmar Hopp, trotz der starken Umsätze im letzten Geschäftsjahr von 229 Millionen Euro (Briel, F. 2020), ist Dietmar Hopp eine große Finanzielle Unterstützung. Ein weiteres Risiko ist der Verlust der eigenen Spieler an Vereine die mehr Erfolg haben und bereit sind viel Geld für starke Spieler zu zahlen. In der englischen Premier League ist die Gesamtsumme der gezahlten Gehälter mehr als doppelt so hoch wie in der ersten Bundesliga (Staunton, P.). Ein weiteres Risiko ist der mögliche Verlust von Sponsoren an andere, erfolgreiche Bundesliga Mannschaften aus der Region, Der VFB Stuttgart steht in der Tabelle der Saison 20/21 über dem TSG und verfügt über eine bessere Torbilanz, was den Traditionsverein für Sponsoren aus der Umgebung attraktiver machen könnte.

Tab. 1: SWOT-Matrix des TSG Hoffenheim

Chancen/ Gefahren Stärken/ Schwächen	Chancen (Opportunities) - Gewinne durch Transfermarkt - Steigerung der Bekanntheit durch sportlichen Erfolg - neue Vereinsmitglieder durch eSport	Risiken (Threats) - Verlust des Investors Dietmar Hopp - Wechsel eigener Spieler zur Konkurrenz - Verlust von Sponsoren an Vereine aus der Umgebung
Stärken (strengths) - starke Nachwuchsförderung - gute Infrastruktur - moderne Trainingsmethoden	S-O-Strategie • Die modernen Trainingsmethoden sichern den sportlichen Erfolg des Vereins und sorgen für eine Steigerung des Bekanntheitsgrads • Durch die hervorragende Nachwuchsförderung werden zukünftige Einnahmen durch den Verkauf von Spielern auf dem Transfermarkt gesichert	S-T-Strategie • Die Förderung der Nachwuchstalente sollte weiterhin priorisiert werden um im Falle des Ausscheidens von Dietmar Hopp finanziell durch Spielerverkäufe und Vermeidung von Einkäufen durch Übernahme der eigenen Nachwuchstalente trotzdem gut da zustehen. • Mehr Trainingseinheiten im Footbonaut oder der Helix sollten angesetzt werden, um den sportlichen Erfolg auf dem Spielfeld zu sichern und Sponsoren weiterhin zu binden.

6

Schwächen (weaknesses)	W-O-Strategie	W-T-Strategie
- abhängigkeit von Hopp - geringer Bekanntheitsgrad - schlechter Ruf	• Durch sportlichen Erfolg auf internationaler Ebene wie der Champions League soll der Bekanntheitsgrad des Vereins steigen • Durch ihr eSports-Team werden sich vor allem junge Leute für den Verein begeistern und den Ruf des Vereins bei neuen Generationen verbessern.	• Die finanzielle Abhängigkeit des TSG von Hopp darf in Zukunft nicht außer Acht gelassen werden, Einnahmen durch Transfermarkt sind essenziell um finanziell nicht mehr von Hopp abhängig zu sein • Der zukünftige sportliche Erfolg und die Steigerung der Bekanntheit werden der Schlüssel zur Verhinderung von Wechseln eigener Stammspieler zu konkurrierenden Vereinen sein.

2 Merchandising and Licensing

2.1 Wer

Merchandising ist komplex und erfordert neben Ressourcen zur Herstellung vor allem spezielles Fachwissen, da beides nicht im Verein vorhanden ist wird die Wahl des Merchandising Modells die Auslagerung betrieblicher Teilfunktionen. Ein Drittanbieter mit den nötigen Anlagen und Rohstoffen zur Fertigung wird mit der Herstellung beauftragt, Der Entwurf und Verkauf der Artikel übernimmt der Verein selbst.

2.2 Was

Tab. 2: Sortimentliste des Vereins

Artikel Bezeichnung	Sortiment	Beschreibung
1. Trikot	Kernsortiment	In den Größen XS-XL jeweils für Männer und Frauen erhaltbar. Das Trikot ist in den Vereinsfarben gestaltet, als Rückennummer wird die 30, für das 30-jährige Jubiläum eingesetzt, auf der linken Seite der Brust ist das Logo zu finden.

2. Vereinsflagge	Kernsortiment	In den Maßen 100x150 cm und 200x250 cm zu erhalten. Die Flagge enthält die Vereinsfarben als auch das Vereinslogo, welches in der Mitte des Schals zu finden ist
3. Volleyball mit Vereinslogo	Kernsortiment	Der Umfang des Balls entspricht 65-67 cm, enthält die Vereinsfarben als auch das Vereinslogo auf der einen, und ein Wappen mit der Zahl 30 auf der anderen Seite.
4. Fan schal	Kernsortiment	Der Schal ist in Einheitsgrößen zu erhalten, er ist in den Vereinsfarben gestaltet und enthält den Schriftzug „1987-2017" und das Vereinslogo
5. Sporttasche	Kernsortiment	Die Sporttasche ist in den Maßen 60x30x25 cm zu erhalten, Sie ist in einem schlichten schwarz gehalten, auf der Seite findet sich das Vereinslogo
6. Flaschenöffner	Randsortiment	Der Flaschenöffner ist in den Vereinsfarben gestaltet, auf der Oberseite ist eine 30 gedruckt, welche auf des Jubiläum aufmerksam macht.

2.3 Wem

Die Fanartikel sollen an die externe und interne Zielgruppe verkauft werden, die externe Zielgruppe bilden Fans, die interne Zielgruppe bilden Vereinsmitglieder, Mitarbeiter und Sponsoren. Die Sporttasche und der Volleyball zielt auf die Menschen ab, die selbst Sport Treiben, die restlichen Artikel zielen primär auf die Fans und Vereinsmitglieder ab.

2.4 Bedingungen

Die Wahl der Preispolitik-Strategie fällt auf die Premiumpreispolitik, Da die Produktionskosten auf Grund der hohen Qualität der Artikel hoch sind und der Verein eine Monopolstellung beim Verkauf ihres Merchandisings hat.

Tab. 3: Preisliste der Artikel

Artikel Bezeichnung	Preis
Trikot	25€ - 55€
Vereinsflagge	15€
Volleyball mit Vereinslogo	50€
Fan Schal	20€
Sporttasche	40€
Flaschenöffner	5€

Für jeden Artikel ist eine Gewinnmarge von 50% berechnet. Um einen guten Anlauf des Verkaufs zu sichern gibt es 2 Wochen vor dem Jubiläum einen Vorverkauf mit einem Preisrabatt von 15% zur Markterschließung. Zum Jubiläum verfällt die Möglichkeit den Preisrabatt des Vorverkaufs wahrzunehmen und die Artikel werden wieder mit dem Normalpreis gehandelt. Gegen Saisonende wird die Abschöpfungspreispolitik angewandt und die Artikel auf Grund der immer weiter sinkenden Nachfrage, mit einem Rabatt von 40% verkauft um zu verhindern das etwas aus dem Sortiment übrig bleibt.

2.5 Kanäle

Der Verein wählt 2 verschiedene Vertriebswege, während den Spielen werden die Produkte an einem Verkaufsstand angeboten, Zuschauer haben direkt die Möglichkeit sich einen Eindruck vom Verein zu machen und fühlen sich eher dazu bereit, Fanartikel von diesem Verein zu kaufen. Der zweite Vertriebsweg findet in Form von Fremdvertrieb statt, in lokalen Sportgeschäften können in einer Stadt mit so vielen Einwohnern viele Kunden erreicht werden, neben dem möglichen Verkauf ihrer Produkte zieht der Verein so auch noch mehr Aufmerksamkeit auf sich und kann so auch neue Vereinsmitglieder dazu gewinnen.

2.6 Begleitmaßnahmen

Auf die Artikel wird mit einer persönlichen Ansprache bei einer Vereinsversammlung 2 Wochen vor dem Jubiläum aufmerksam gemacht, gleichzeitig startet auch der Vorverkauf mit der Rabattaktion um mögliche interne Käufer direkt zum Kauf zu animieren und den Start des Vertriebs anzukurbeln. Neben der direkten Ansprache wird Werbung in der örtlichen Zeitung geschaltet und auf das Jubiläum sowie die Produkte aufmerksam zu machen.

2.7 Zeitraum

Die Vorstellung und der Verkauf der Produkte beginnt zwei Wochen vor dem Jubiläum, die Zeitungswerbung wird in diesen zwei Wochen jeweils einmal pro Woche geschaltet. Ab dem Tag des Jubiläums werden die Produkte mit dem normalen Preis gehandelt, zwei Wochen vor Saisonende werden die übrig gebliebenen Produkte mit 40% Rabatt verkauft.

3 Digitalisierung

3.1 Darstellung des Vereins

Tab. 4: Vereinsdarstellung

Vereinsangebot (Kernangebot Des Vereins)	Fußball und Handball, jeweils Breiten- und Leistungssport
Mitgliederzahl	2850
Anzahl bezahlter Mitarbeiter	6
Anzahl ehrenamtlicher Mitarbeiter	19

3.2 Zielgruppen und Marketingziele

Die App soll Fans und Vereinsmitglieder erreichen. Für die Fans soll die App vereinfachen ihren Verein zu verfolgen und ihre Bindung zum Verein verstärken. Für Mitglieder soll die App als Organisationshilfe dienen und die Kommunikation also auch persönliche Bindungen zwischen den Mitgliedern zu stärken.

3.3 Inhalte der Vereins-App

Tab. 5: App-Inhalte

Themen	Mehrwert für den Kunden	Mehrwert für den User
• Live Ticker und News zu Spielen und Events des Vereins	Die Bekanntheit des Vereins steigt und die Bindung zwischen Fan und Verein wird verstärkt.	Der User ist immer auf dem Laufenden was Spielergebnisse betrifft und wird über besondere Ereignisse und Neuigkeiten informiert.

• Vereinsmannschaften im Überblick	Der Verein kann sich bei Außenstehenden vorstellen und die Bindung zu Fans verstärken.	Fans lernen die Spieler besser kennen und sympathisieren mehr.
• Spielhighlights in Videoform	Gute spielerische Leistung findet auch bei Fans die nicht vor Ort waren anklang und kann online geteilt werden, Bekanntheit des Vereins und der Spieler steigt.	Der User kann sich Spielhighlights auch dann ansehen wenn er nicht live vor Ort ist und ist auf dem aktuellen Stand, Bindung zum Verein soll verstärkt werden und Sympathie zwischen Zuschauer und Spieler verbessert werden.
• Onlineshop	Der Verein kann zusätzliche Einnahmen über den Online Verkauf generieren.	Fans können einfach und bequem Fanartikel kaufen und ihren Verein finanziell unterstützen.

3.4 Chancen und Risiken der Vereins-App

Eine Chance der Vereinsapp ist, dass Fans und Mitglieder durch steigendes „Zugehörigkeitsgefühl" mehr Vertrauen in den Verein haben, da die Interaktions- und Identifikationsmöglichkeiten mit dieser App deutlich verbessert werden können. Eine weiter Chance ist die Erhöhung des Bekanntheitsgrades durch das Teilen der Spielhighlights in sozialen Netzwerken. Kurze Highlight Videos von Ballsportarten erfreuen sich bereits seit einiger Zeit an hoher Aufmerksamkeit im Netz, durch das teilen kann der Verein auch User erreichen, die nicht im unmittelbaren Einzugsbereich liegen. Als ein Risiko ist die Datensicherheit zu nennen, viele Internetuser fühlen sich durch regelmäßige Nachrichten über den unsicheren Umgang mit privaten Daten verunsichert und wollen eventuell keine Daten bei jeglicher Art von Applikationen angeben. Ein weiteres Risiko ist die Diffusion, die App soll nach außen nicht undurchsichtig wirken und Gestaltungsregeln folgen, dafür reicht meistens die Verwendung von gleichen Farben, Logos und die Bezeichnung „offizielle Fanseite".

3.5 Möglichkeiten zur Steigerung des Bekanntheitsgrades der App

Als Zielgruppe der App gelten Vereinsmitglieder und Fans. Um möglichst viele potenzielle User zu erreichen sollte die App dauerhaft beworben werden.

1. Schaltung von Werbung für die App in der örtlichen Zeitung.

2. Ansprache der App bei Vereinsversammlungen.

3. Werbung auf der Website und anderes social-media Plattformen.

4. Permanente Plakate am Spielfeldrand.

4 Sponsoring

4.1 Unternehmensbeschreibung

Das Unternehmen „SpeedWatch" stellt moderne Fitnessuhren her, Sie bieten Uhren speziell für Läufer, als auch Uhren mit umfassenderen Funktionen an, welche bei jeder sportlichen Aktivität verwendbar sind an. Die Uhren eignen sich ideal zum erfassen von Daten wie Herzfrequenz, zurückgelegte Distanz und durchschnittliche Geschwindigkeit.

Die Zielgruppe des Unternehmens sind hauptsächlich junge Leute, die sportlich aktiv sind und für die Gesundheit einen hohen Stellenwert hat. Die Produkte werden ausschließlich über die Website im Onlineshop verkauft, beworben werden die Produkte über Werbespots bei Fitness orientierten Videos auf YouTube und bezahlten Produktplatzierungen in Kooperation mit Instagram Benutzern, die über eine großen Reichweite verfügen.

4.2 Phasen des Sposorings

4.2.1 Ziele des Sponsorings

Kognitive Ziele:

- Steigerung der Markenbekanntheit

- Vorstellung der Produkte

Affektive Ziele:

- Verbesserung des Images

- Schaffung von „Goodwill" und Vertrauen bei der Zielgruppe

4.2.2 Schnittmengenanalyse der Zielgruppen

Tab. 6: Schnittmengenanalyse

SpeedWatch	Laufevent	Schnittmengen
• sportlich aktive Menschen • Läufer • junge Menschen • männlich und weiblich	• sportlich aktive Menschen • Läufer • altersunabhängig • männlich und weiblich	• sportlich aktive Menschen • Läufer • männlich und weiblich

4.2.3 Erfolgskontrolle

Das erreichen der kognitiven Ziele wird über die Anzahl an Aufrufen der Website pro Tag gemessen, hierfür wird werden Daten inem Zeitraum von 2 Wochen nach der Veranstaltung gesammelt und mit den Statistiken 2 Wochen vor dem Event verglichen.

Die affektiven Ziele werden Anhand von Verkaufszahlen 1 Monat nach dem Event gemessen und mit den Statistiken vor dem Event verglichen.

4.2.3 Einzelmaßnahmen

1. Bereitstellung von Werbematerialien

Es werden bedruckte Werbeflyer an Teilnehmer und Zuschauer verteilt auf denen das Sortiment vorgestellt wird.

13

2. Belegung von Werbemitteln

Auf der Laufstrecke sind Plakate und Werbebanner mit dem SpeedWatch Logo bedruckt.

3. Verteilung von Uhren an Läufer

Zehn ausgeloste Teilnehmer bekommen vor Start eine Uhr geschenkt, auf der Website des Unternehmens kann Live die Durchschnittsgeschwindigkeit der Läufer und die bereits zurückgelegte Distanz angeschaut werden. Dies soll mehr Menschen auf die Website aufmerksam machen und zum Kauf animieren.

4. Durchsagen über Lautsprecher

Jede halbe Stunde wird mit einer Durchsage auf ein Gewinnspiel und die Website aufmerksam gemacht. Das Unternehmen stellt dafür nochmal drei Uhren zur Verfügung.

5. Rabattaktion für Zuschauer und Teilnehmer

Das Unternehmen verteilt insgesamt 500 Rabattcodes für 15% Preiserlass beim ersten Einkauf.

4.2.3 Erfolgskontrolle

Das erreichen der kognitiven Ziele wird über die Anzahl an Aufrufen der Website pro Tag gemessen, hierfür wird werden Daten inem Zeitraum von 2 Wochen nach der Veranstaltung gesammelt und mit den Statistiken 2 Wochen vor dem Event verglichen.

Die affektiven Ziele werden Anhand von Verkaufszahlen 1 Monat nach dem Event gemessen und mit den Statistiken vor dem Event verglichen.

5   Literaturverzeichnis

Briel, F. (2020) „Hoffenheims Rekordumsatz"

https://www.transfermarkt.de/hoffenheims-rekordumsatz-bdquo-nur-eine-momentauf-
nahme-ldquo-ndash-krisenjahr-wird-fol-
gen/view/news/375859#:~:text=Die%20TSG%20Hoffen-
heim%20hat%20trotz,der%20Klub%20am%20Mittwoch%20mitteilte.

DFB (2016). „Der Footbonaut für Jedermann!"

https://www.dfb.de/trainer/artikel/der-footbonaut-fuer-jedermann-2257/

Hinrichsen, H. (2015). Die Regel 50+1.

https://www.stuttgarter-zeitung.de/inhalt.dietmar-hopp-bei-tsg-hoffenheim-king-of-krai-
chgau-page1.0509d4b8-77a2-4c6c-b099-82708f07a8be.html

Pfeifer, M. (2020) Hoffenheim trainiert in der „Helix"

https://www.kicker.de/hoffenheim_trainiert_in_der_helix_arena_-773459/artikel

Rosen, A. (2019) „Hoffenheim ist deutscher Meister – im Verkaufen"

https://www.faz.net/aktuell/sport/fussball/bundesliga/bundesliga-tsg-hoffenheim-ist-
deutscher-verkaufsmeister-16313814.html#:~:text=Hoffenheim%20ist%20deut-
scher%20Meister%20%E2%80%93%20im%20Verkaufen&text=Rund%20110%20Mil-
lionen%20Euro%20aus,in%20diesem%20Sommer%20schon%20eingenommen.

Schächter, T. (2018) „Die TSG 1899 Hoffenheim jubelt über den historischen Einzu in
die Champions League"

https://www.bundesliga.com/de/bundesliga/news/tsg-1899-hoffenheim-jubel-champi-
ons-league-historisch.jsp

Spox 2008 „Der Titel ist reine Utopie"

https://www.spox.com/de/sport/fussball/bundesliga/0810/Artikel/carlos-eduardo-hoffen-
heim-interview.html

Staunton, P. (2017) „Premier League zahlt doppelt so hohe Gehälter wie Bundesliga"

https://www.goal.com/de/news/954/europa/2017/01/11/31399892/premier-league-zahlt-
doppelt-so-hohe-geh%C3%A4lter-wie-bundesliga

Theobald, T. (2019) „E-Sports wird in Deutschland immer bekannter"

https://www.horizont.net/marketing/nachrichten/appinio-umfrage-e-sports-wird-in-
deutschland-immer-bekannter-
173894#:~:text=E%2DSports%20wird%20in%20Deutschland%20immer%20bekann-
ter,-von%20Tim%20Theobald&text=Und%20auch%20was%20die%20Bekannt-
heit,Deutschen%20verfolgen%20E%2DSports%20regelm%C3%A4%C3%9Fig.

TSG Akademie auf einen Blick (10.04.2021)

https://www.tsg-hoffenheim.de/teams/tsg-akademie/zentren/ueberblick-akademie-zen-
tren/

TSG 1899 Hoffenheim als leuchtendes Beispiel (01.10 2014)

https://www.tsg-hoffenheim.de/aktuelles/news/2014/09/tsg-1899-hoffenheim-als-leuch-
tendes-beispiel/

Woisetschläger, David M. (2019) Fußballstudie 2019 S.15 unter „Die Neutralisierung ne-
gativer Assoziationen"

http://www.fussballstudie.de/?p=archiv

6   Tabellenverzeichnis